C D'LA BALLE

DIRECTION ÉDITORIALE
Yann Raynal

DIRECTION ARTISTIQUE
Mathieu Thauvin

ILLUSTRATIONS
Mickaël « Micka Design » Pires

CRÉDITS

© Ryad Guelmaoui : 7 ; 8 ; 11 ; 12 ; 15 ; 16 ; 17 ; 18 ; 19 ; 22 ; 25 ; 26 ; 27 ; 28 ; 29 ; 30 ; 31 ; 32 ; 33 ; 40 ; 41 ; 42 ; 43 ; 46 ; 51 ; 52 ; 54 ; 55 ; 60 ; 61 ; 64 ; 65 ; 66 ; 67 ; 68 ; 70 ; 71 ; 74 ; 75 ; 80 ; 81 ; 90.

© Collection privé de l'auteur : 6 ; 9 ; 10 ; 23 ; 45 ; 65 ; 63 ; 69 ; 73 ; 77 ; 82 ; 83.

© Ashley Ringrose : 47.

© Laura Gilli : 58.

© D.R. : 50.

118, avenue Achille-Peretti – CS 70024
92521 Neuilly-sur-Seine Cedex

www.lire-en-serie.com

IMPRIM'VERT® PEFC 10-31-1510

Imprimé en mai 2018
par Corlet Imprimeur
Dépôt légal : juin 2018

N° d'impression : 196258
ISBN : 978-2-7499-3671-0
LAF 2583

WASS FREESTYLE
Avec la collaboration de Coline Bérard

C D'LA BALLE

Illustré par
MICKA DESIGN

Michel Lafon

SOMMAIRE

#STORYTIME

rte d'identité – 7
es débuts en freestyle – 10
que le freestyle
a apporté – 13
période squat : devenir
owman – 14
a première team – 34
ux fois où je me suis pris la
nte en public – 64
livre Guinness des records – 69
nportance de l'échec – 76
ux échecs qui ont changé
a vie – 76
s réseaux sociaux – 82
éer sa marque – 84
merciements – 90

#COMPÉTITIONS

Red bull street style – 47
Superball – 48
King of Freestyle – 49
mbiance – 50
préparer – 51
conseils pour gagner – 53

#FREESTYLE

Ce qui m'a poussé au freestyle – 9
Le freestyle, c'est quoi ? – 18
Le freestyle et le football – 20
Le freestyle et l'art – 24
Les différents styles – 28
Les différentes disciplines – 55
Le corps – 66
Le mental – 67
La culture pop – 68
Créer son style – 78
5 conseils pour créer son style – 79
L'équipement – 83

#STARS

Maradona – 23
Soufiane Touzani – 35
Abdullah – 36
Palle – 37
Iya Traoré – 38
Juanro – 39
Thierry Henry – 45
Zinédine Zidane – 63
Mario Balotelli – 73

#GIRLPOWER

Les filles et le freestyle – 56
Raquel Benetti – 57
Pola Gomez – 58
Lisa Zimouche – 59

#TUTOS

Le tour du monde – 12
Le slap – 16
Le crossover – 26
Le HTW – 33
Le Touzani Around the World – 40
Le X-move – 42
La couronne – 52
Le spinning – 54
Le canon – 60
Le V-move – 65
Le blocage cuisse – 70
Le HTATW – 74
Le new shit – 80

#PLAYTIME

Carnet d'entraînement – 86
Labyrinthe – 91
Mots-croisés – 92
Le Dé-fi – 94

#STORYTIME

Je suis né au milieu des volcans et des fromages, à Clermont-Ferrand. Depuis tout petit, je suis très réservé. J'ai toujours eu la tête ailleurs, dans les nuages. Quand on me parle, je pense à autre chose. Et en cours, ma plus grande frayeur, c'était de passer au tableau... J'étais tellement timide !

J'ai commencé le sport très jeune avec le basket-ball. J'achetais les magazines, je regardais les matchs... J'étais vraiment fan. Ensuite, comme j'adorais aussi les arts martiaux, j'ai fait du karaté. Je voulais savoir me défendre, mais aujourd'hui je ne sais toujours pas me battre...

Petit, je n'aimais pas le foot. Par contre, mes amis adoraient ça. Ils jouaient tous les jours et je les regardais souvent... À force, ça m'a donné envie. Ouais, je sais, je suis très influençable ! Donc je me suis inscrit dans le club de mon quartier, et je suis devenu un vrai passionné. J'étais fan d'Arsenal et de Thierry Henry. J'aimais sa personnalité, son petit côté arrogant et, surtout, sa façon de jouer. Moi, j'avais un jeu technique, mais trop perso. Mon plus grand kif, c'était de mettre des petits ponts. En passer un, c'était vraiment ma victoire à moi. Mais... pas toujours celle des autres.

J'ai pratiqué en club pendant neuf ans. Puis j'en ai eu marre de l'ambiance dans mon équipe. Trop d'insultes, trop de haine et de jalousie... De toute façon, je savais que je ne deviendrais pas footballeur professionnel, je n'avais pas du tout le niveau. Et comme je suis plutôt solitaire, je me voyais plus évoluer dans un sport individuel. C'est là que j'ai découvert l'univers du freestyle !

WASSIM BENSLIMANE

PLUS CONNU SOUS LE NOM DE

WASS FREESTYLE

DATE DE NAISSANCE :
5 janvier 1987

QUALITÉ :
la détermination

DÉFAUT : têtu

IDOLE :
Thierry Henry

DEVISE :
L'important, ce n'est pas ce qu'on fait, mais comment on le fait !

HÉROS DE FICTION :
Spiderman

• FIGURES PRÉFÉRÉES •

Le labyrinthe, que j'ai inventé, et le LATW, le double tour du monde.

SPEEN.
SPEEN.

CE QUI M'A POUSSÉ À PASSER AU FREESTYLE

En 2001, j'ai 14 ans et je découvre le freestyle à la télé dans une publicité. Là, c'est l'illumination totale : j'ai trouvé ça génial ! C'était un spot de pub pour la campagne Nike Freestyle, où l'on voyait Ronaldinho et d'autres stars du moment exécuter quelques figures sur fond noir, dans une ambiance très rythmique. J'ai été fasciné par l'agilité des joueurs, par ce ballon qui semblait voler… Pour moi, c'était un fantasme de pouvoir réaliser les figures que je voyais à la télé.

Quelques années plus tard, entre les matchs de la Coupe du monde de 2006, il y avait la pub pour un DVD sur le freestyle produit par la marque Komball. C'était un collectif de freestyle super connu à l'époque. Sur ce DVD, on trouvait des vidéos de pros ou de passionnés : des tutos, des petits clips… J'avais vu la pub à la télé et j'avais trouvé ça super. Il n'y avait pas encore YouTube, alors toutes les sources de vidéos étaient bonnes à prendre. Je sentais qu'il y avait quelque chose autour de ce sport, un mouvement avec une petite communauté très soudée, et mon rêve, c'était d'en faire partie. C'est devenu mon nouvel objectif : participer à l'un des DVD Komball. Mission accomplie : j'apparais dans le troisième volet de la série !

Le freestyle a été beaucoup poussé par Internet. Moi, je traînais tout le temps sur le site de Nike Freestyle, où n'importe qui pouvait poster ses propres films de freestyle. Je regardais toutes les dernières vidéos, et j'ai découvert beaucoup de freestyleurs à ce moment-là. Il y en a même avec qui j'ai travaillé par la suite… C'est comme ça que tout a commencé.

IL Y A PEU DE TEMPS, J'AI TROUVÉ SUR EBAY LE FAMEUX BALLON NIKE CRYSTAL NOIR, CELUI QUE J'AI VU ENFANT DANS LES PUBS. JE L'AI ACHETÉ COMME SOUVENIR ET POUR DÉCORER CHEZ MOI, IL ME RAPPELLE QU'IL FAUT TOUJOURS CROIRE À SES RÊVES !

MES DÉBUTS EN FREESTYLE

Quand mes parents ont divorcé, j'ai traversé une période très difficile. J'ai dû arrêter les cours pour rester avec ma mère, et c'est à ce moment-là que je me suis mis à m'entraîner chez moi. C'était parfait pour me vider la tête ! Je m'exerçais tous les jours pendant au moins douze heures, la journée dans mon jardin et le soir dans la salle à manger. Parfois, je sortais la nuit à la recherche d'un parking désert pour pratiquer en cachette. Parce que pendant longtemps, personne n'a su que je m'entraînais ! Quand quelqu'un passait, je m'arrêtais. Direct. Les gens du quartier me demandaient : « On te voit tous les jours avec ton ballon, mais qu'est-ce que tu fais ? » Je ne voulais pas que ça se sache tant que je n'étais pas bon. Comme j'habitais dans un quartier un peu chaud, il fallait savoir se faire respecter. Il y avait des personnes avec qui je ne voulais plus traîner, parce qu'elles n'avaient pas une bonne influence sur moi. C'est aussi pour ça que je me suis enfermé dans ma bulle pour m'entraîner à fond. Quand j'ai commencé à gérer quelques figures, j'ai vu qu'on me regardait autrement. Ç'a été un moteur pour continuer.

Et puis au bout d'un certain nombre de tentatives, j'ai réussi ma première figure dans ma salle de bains : le tour du monde. Le lendemain, j'ai amené mon ballon au lycée pour la montrer à tout le monde. Je me sentais super chaud, alors que c'est une figure basique. Mais vous voyez, c'est celle que je rêvais de maîtriser. Ça me donnait assez de confiance pour aller plus loin, et ça m'ouvrait la porte sur des tricks beaucoup plus difficiles.

#STORYTIME

Un soir, boum, j'ai fait un trou dans mon mur avec mon ballon. Si vous aviez vu ma mère ! Elle était bien énervée. Mais je lui ai dit : « Un jour, tu comprendras pourquoi je fais tout ça. » Quand je me suis lancé à Paris, je n'avais ni argent, ni vêtements, ni réseau, ni quoi que ce soit. La seule chose de valeur qui m'appartenait et qui m'a aidé à franchir toutes les épreuves, c'est ma détermination. Et mon ballon. Dans la vie, peu importe ce que vous faites : ce qui compte, c'est de croire à ses rêves !

LE TOUR DU MONDE (AROUND THE WORLD)

ÉTAPE #1

Brosser le ballon avec l'extérieur du pied.

ÉTAPE #2

Passer la jambe qui a brossé le ballon au-dessus de ce dernier.

ÉTAPE #3

Toujours avec la même jambe, réceptionner le ballon.

TIPS

Pour faire un double tour du monde (LATW) passer une première fois la jambe au-dessus du ballon en sautant puis la passer une seconde fois avant la réception.

CE QUE LE FREESTYLE M'A APPORTÉ

La première chose qui m'a plu dans le freestyle, c'est la liberté. Pas de coach, pas de fédération qui impose des règles, tout est ouvert. Ça permet de s'exprimer de manière libre, et d'utiliser toutes les parties du corps pour inventer ses propres figures. Si vous voulez faire un show sur de la musique classique, c'est tout à fait possible !

Il y a des tonnes de manières de trouver du plaisir en pratiquant ce sport. Déjà, un entraînement où l'on réussit la plupart des choses que l'on tente, ça peut rendre vraiment joyeux… Ça aide à faire passer les fois où rien ne marche !

Mais la meilleure sensation, c'est quand même d'apprendre une figure ou, mieux encore, d'en inventer une nouvelle. Surtout quand vous avez galéré pour y arriver.

Le freestyle m'a apporté beaucoup. En cours, j'avais toujours la tête ailleurs parce que j'avais quelques problèmes de concentration. Quand je joue avec mon ballon, je suis obligé de rester attentif, j'ai fait de gros progrès sur ce point. Comme je l'ai déjà dit, j'étais aussi quelqu'un de très timide, mais impossible de le rester quand on veut devenir showman ! J'ai dû prendre confiance en moi et changer pour pouvoir progresser.

Ce sport facilite également les rencontres. Les gens qui te regardent t'entraîner dans la rue ont souvent envie de te parler, et encore plus les autres freestyleurs ! Le freestyle peut faire naître des amitiés très fortes. Rencontrer des gens qui te comprennent et partagent ta passion, ça n'a pas de prix ! Et puis beaucoup ont commencé le freestyle pour une raison semblable : on y retrouve des personnes qui éprouvaient un mal-être et qui n'étaient pas acceptés ailleurs, donc qui ne portent pas de jugement sur l'autre.

Avec le freestyle, j'ai aussi découvert des facettes de ma personnalité. Avant, je ne savais pas quoi faire de ma vie, je ne me voyais pas obéir aux ordres d'un patron… C'était dur de trouver de la motivation. Ce sport a révélé en moi une grande volonté de réussir, ma détermination m'a étonné ! En fait, je fais les choses à fond quand je les aime, je ne sais pas me forcer. J'ai toujours su que j'allais y arriver, que le freestyle, c'était pour moi, et je n'ai jamais laissé tomber.

IL ARRIVE ASSEZ SOUVENT QU'ON ME RECONNAISSE DANS LA RUE. AU DÉBUT, ÇA FAIT BIZARRE, MAIS C'EST AGRÉABLE. MAINTENANT, JE ME DIS QUE C'EST UNE FORME DE RECONNAISSANCE POUR LE TRAVAIL QUE JE FOURNIS, ET ÇA ME PERMET DE VOIR QUEL GENRE DE PERSONNES JE TOUCHE.

LA PÉRIODE SQUAT : DEVENIR UN SHOWMAN

Fin 2007, j'ai débarqué à Paris pour vivre du freestyle. Sans argent, avec juste mon sac et mon ballon, j'étais super content de sortir de ma petite ville où tout le monde se connaît.

Après quelques jours chez ma tante, j'ai dû apprendre à me débrouiller tout seul. Je ne savais pas trop où aller, alors j'ai passé quelque temps dans la rue. La nuit, je me réfugiais dans un cybercafé pour mettre en ligne mes vidéos de freestyle ou, quand je n'avais pas suffisamment d'argent pour y aller, je continuais l'entraînement à Châtelet ou gare de Lyon. C'était vraiment une période cheloue.

Et puis un mec m'a filé un piston pour un squat dans une cité assez délabrée. J'ai habité là-bas avec quatre sans-papiers que je ne connaissais pas du tout. Je n'avais rien.

Le propriétaire des lieux était en prison. Il demandait à chacun de payer cent euros de loyer pour pouvoir occuper son local. Il avait un ami qui passait chaque mois récupérer l'argent, et qui m'a laissé rester même si je ne possédais rien. Bon, c'était pas un hôtel cinq étoiles : je dormais sur un matelas par terre et je me lavais avec du liquide vaisselle.

Pour gagner un peu d'argent, j'ai travaillé au black dans une boulangerie. Le patron m'exploitait et voulait me faire un faux contrat tout en continuant à me payer une misère. Alors je suis parti et j'ai commencé les shows dans la rue. Toujours avec mon ballon et ma casquette posée sur le sol, je faisais des performances dans les rues de Paris, sur les Champs-Élysées, au Trocadéro, à Saint-Michel… Et là, c'était une sorte d'école du spectacle. J'ai rencontré des artistes de rue, des danseurs qui m'ont appris à interagir avec le public et mettre de l'ambiance. J'étais un puriste, je suis devenu showman ! Avec ces nouvelles connaissances, j'ai pu lancer mon activité et vendre des prestations à des entreprises, et c'est ça qui m'a permis de sortir de la rue et de réaliser mon rêve : vivre du freestyle.

WRUNG

LE SLAD

ÉTAPE #1

Le ballon est posé à terre, coincé entre les pieds.

ÉTAPE #2

Avec le pied droit, amener le ballon au niveau de la cheville gauche en le faisant passer derrière la jambe gauche.

ÉTAPE # 3

Remonter le ballon le long de la jambe gauche d'un coup sec pour le faire décoller.

ÉTAPE # 4

Récupérer le ballon du pied gauche avant qu'il ne touche le sol.

TIPS

En freestyle, une figure est réussie quand le ballon est récupéré. Il faut rester concentré sur la balle jusqu'au bout !

LE FREESTYLE, C'EST QUOI ?

Le freestyle, c'est une discipline à la fois sportive et artistique. Le but est d'enchaîner des gestes techniques les plus spectaculaires possible avec un ballon pour créer des chorégraphies. C'est de l'expression libre, une discipline dans laquelle chacun peut inventer son style et ses propres figures.

Le plus vieil ancêtre du freestyle pourrait être le chinlon, un sport traditionnel de Birmanie. On dit que c'était le sport favori des rois birmans… Ils avaient bon goût ! Dans le chinlon, les joueurs forment un cercle et se font des passes acrobatiques avec une balle en rotin, une plante de la famille des palmiers dont on fait des lanières qui servent aussi à fabriquer des meubles. Dans les fêtes traditionnelles, on trouve des spectacles de chinlon, des sortes de shows collectifs impressionnants. Aujourd'hui encore, on retrouve dans le freestyle des figures venant de ce sport ancestral !

En fait, c'est impossible de déterminer l'origine exacte du freestyle. D'une certaine manière, il est sans doute né avec le ballon. C'est un cumul de plein de disciplines différentes : le jonglage, la danse, les arts de la rue… Les footballeurs ont aussi joué leur rôle, avec des gestes techniques de plus en plus compliqués : l'« élastico » rendu célèbre par Ronaldinho, par exemple, ou la fameuse « roulette » de Zidane ! Après, tout dépend de ce qui vous attire. Moi, j'ai choisi de m'inspirer de la danse et du cirque, alors que d'autres freestyleurs sont des puristes du football, dont ils vont rester très proches. À vous de choisir votre influence !

PAYANT

VS
BRASIL
SPEEN
EEN
SPEEN
NOW IT'S YOUR TURN!

LE FREESTYLE ET LE FOOTBALL

Ça peut paraître évident, mais le premier point commun entre le freestyle et le football, c'est le ballon !

Il y a d'autres éléments du foot que l'on retrouve dans le freestyle, comme les jongles et les dribbles. Il y a aussi une culture commune et une mentalité sportive que l'on partage. Mais à part ça, ce sont deux disciplines très différentes. Le football est un sport collectif avec des règles précises et qui repose sur un jeu d'équipe. Au contraire, le freestyle est une discipline solitaire et très libre. Le foot demande de la tactique, il faut être un peu stratège pour savoir se positionner, faire les bonnes passes au bon endroit… Un footballeur peut réussir parce qu'il est bon en tactique, même s'il est mauvais techniquement. Le freestyle, c'est 100 % de technique et de répétition ! Enfin, la dépense physique et les entraînements sont très différents.

Ronaldinho est le premier qu'on a vu faire des figures sur le terrain, et le premier aussi à avoir été mis en scène par des marques en train de pratiquer le freestyle. Avant lui, il y avait Maradona qui passait quelques tricks pendant les matchs dans les années 1980, mais ça n'était pas médiatisé comme maintenant, il n'y avait pas Internet et les réseaux sociaux. Mais c'était quand même fou de voir ça à l'époque : pensez à tous ces jeunes qui ont vu pour la première fois ces mouvements devant leur télé et qui ont rêvé de devenir aussi agiles !

Un bon footballeur peut être un très mauvais freestyleur, et l'inverse est vrai aussi. Par contre, le freestyle peut permettre à un joueur de foot d'acquérir des qualités qui lui serviront sur le terrain. En effet, son agilité et sa précision sont décuplées par la connaissance de quelques tricks. Le freestyle peut aussi aider un joueur à dribbler, à contrôler la balle, ou même à faire le beau avant un match ! Par exemple, Cristiano Ronaldo regarde des vidéos de freestyle et s'en inspire dans son jeu. Il connaît des tricks techniques, on peut trouver des vidéos où il met en pratique le Touzani Around the World. Et puis voilà : certains joueurs sont vénérés pour leurs tirs mythiques, mais il y a autre chose. C'est aussi la « complicité » avec le ballon qui fascine, quand la balle devient une extension d'eux-mêmes, qu'ils savent en jouer de façon aérienne, ludique, voire humoristique. Ceux qui ont quelques bases en freestyle font la différence techniquement. Et comme les plus grands joueurs que l'on connaît sont les plus techniques… ils font la différence tout court !

DIEGO MARADONA

Pour moi, Diego Maradona est la légende des légendes. Tout le monde a entendu parler de la fameuse « main de Dieu », ce but qu'il a marqué involontairement avec la main contre l'Angleterre. C'est cette « main » qui a permis à l'Argentine de se qualifier pour la Coupe du monde de 1986… Je n'étais même pas né ! Malgré cela, c'est un sacré morceau de la culture du foot. Maradona, c'est un vrai talent. C'est le mec qui a marqué des générations entières de joueurs de foot. Petit, j'étais fan de Zidane et de Thierry Henry. Mais quand eux-mêmes étaient enfants, c'est de Maradona qu'ils étaient fans ! Sans doute aussi à cause de ce petit truc qu'il a et que je ne peux pas expliquer. Il est au-dessus du lot, mais alors de loin.

Lors d'un show à Alger, les organisateurs l'avaient invité comme guest. Après mon spectacle, je devais faire quelques jongles avec lui. J'étais tellement content ! Alors, quand ils m'ont demandé d'annuler parce qu'il était blessé, j'ai dit oui, mais je savais déjà que j'allais leur désobéir. Vous imaginez, je ne pouvais pas laisser passer l'occasion de faire des jongles avec la plus grande légende du foot ! Il était en face de moi pendant mon show, je l'avais repéré et j'ai pensé à ça tout au long du spectacle. Finalement, je suis allé le chercher et il m'a suivi. On a fait quelques passes et jonglé tous les deux… Puis il m'a serré dans ses bras et m'a glissé : « Bravo, c'est bien. » C'était court, mais intense !

LA CRÉATIVITÉ

Quand j'ai commencé le freestyle, je ne travaillais que ma technique. J'ai progressé jusqu'à faire partie des meilleurs en France, mais je me suis rendu compte que mis à part les initiés, le public n'y était pas très sensible. Pendant mes shows, je voyais que les gens ne comprenaient pas, qu'ils ne percevaient pas la difficulté de ce que je réalisais. Ils préféraient souvent des figures moins techniques et plus spectaculaires. J'ai aussi vite senti que j'avais la fibre créative, alors j'ai privilégié le côté artistique ! C'est quand j'ai cherché à définir mon style que je me suis mis à créer mes propres figures. Et au fil des années, je me suis fait un nom avec ces figures, et j'ai été loin en compétition en n'utilisant que mes créations. Ça m'a rendu assez fier.

La technique, c'est impressionnant sur le moment, mais très éphémère : tu es le meilleur un certain temps, jusqu'à ce que quelqu'un te rattrape. C'est comme ça dans toutes les disciplines ! Il y aura toujours un petit nouveau qui fera mieux un jour, et quand ça arrive il ne reste rien de ta performance, à part un bon souvenir ! Alors que la créativité reste à vie. Les autres peuvent juste copier tes figures, ton style. Ils peuvent l'aimer ou pas, mais en tout cas ça t'appartient et personne ne peut te le prendre...

LE CIRQUE

Le freestyle a des inspirations très diverses, et se trouve quelque part entre le sport et l'art. On pense aussi forcément au cirque, déjà parce que c'est une sorte de jonglage très abouti avec une seule balle. Et parce que certains artistes de cirque, Enrico Rastrelli et Francis Brune par exemple, pratiquaient déjà à la fin du xixe siècle des figures que l'on voit encore en compét aujourd'hui. Enrico Rastrelli était un jongleur italien reconnu comme l'un des meilleurs jongleurs de tous les temps. C'est l'un des premiers qui a utilisé un ballon de football dans un cirque. Il paraît qu'il savait faire le tour du monde, le neck stall, avec la balle en équilibre sur la nuque, ou encore le head stall. Sauf qu'en plus il réalisait ces figures super techniques avec plusieurs ballons en même temps... Je me demande comment c'est possible !

Le point commun entre le cirque et le freestyle, c'est cette recherche de la maîtrise du corps et d'un objet. Et pour les deux disciplines, on retrouve une même concentration et une routine d'entraînement assez semblable, basée sur la répétition. Certaines personnes nous appellent les jongleurs. Ce n'est pas le terme que je préfère, mais je comprends pourquoi !

LA DANSE

La danse et le freestyle ont beaucoup de codes en commun. La notion d'enchaînement, d'abord. Finalement, danser, c'est réunir des mouvements distincts, ça fait beaucoup penser à nos combos. C'est aussi le rapport au corps qui est semblable dans les deux disciplines, une recherche de perfection, de grâce, de beauté. Et puis la musique ! Pour moi, c'est super important, mais tous les freestyleurs ne sont pas forcément d'accord. Mon histoire m'a amené à fréquenter beaucoup de danseurs, surtout quand j'allais m'entraîner à la gare de Lyon ou à la Défense, où tout le monde se retrouvait. Il y avait souvent des battles de danse organisés, pas des compétitions officielles, plutôt un truc underground. J'aimais m'entraîner là-bas, ça n'était pas des lieux faits pour ça, mais je regardais les danseurs et ça m'inspirait.

Pour un danseur, tout est musical. C'est un critère obligatoire dans un battle de breakdance : si on n'est pas musical, on est mort. Nos entraînements intéressaient les danseurs, qui nous regardaient faire et se réjouissaient quand on calait nos figures sur la musique : « Trop bien, tu maîtrises le ballon et en plus t'es sur le son ! » À force de discuter avec ces gens tellement sensibles au côté musical de nos shows, j'ai eu envie d'apprendre d'eux et de développer cet aspect de mon style.

Je ne fais pas de breakdance pur, mais j'ai appris à exécuter des mouvements avec mon ballon en mélangeant le breakdance et le freestyle. Quand je fais des enchaînements avec mon ballon, on pourrait croire que je danse, et souvent les gens pensent que je sais danser. Alors que si vous me demandez de danser sans mon ballon, j'en suis incapable ! J'aime bien dire que, sans ballon, je n'ai plus aucun pouvoir.

LE CROSSOVER

ÉTAPE #1

Tenir le ballon dans les mains et le lâcher pour le taper avec un pied.

ÉTAPE #2

Monter l'autre jambe au-dessus du ballon.

ÉTAPE # 3

Sauter pour venir taper
le ballon avec la jambe d'appui.

ÉTAPE # 4

Venir récupérer le ballon avec
la jambe qui en faisait le tour.

LES DIFFÉRENTS STYLES

LOWER BODY OU AIR MOVES :

Comprend tout ce qui est jonglage et tricks avec les pieds, quand tu jongles et que tu fais des figures en gardant le ballon en l'air. C'est le style qui est considéré comme le plus difficile et souvent le plus impressionnant. C'est aussi le plus populaire chez les freestyleurs. Il y a énormément de tricks réalisables dans cette catégorie, et beaucoup d'autres à inventer !

UN SPÉCIALISTE DU LOWER : Michał Rycaj, surnommé MichRyc. C'est un garçon polonais qui a gagné les championnats du monde de 2015, et inventé une figure : le MichRyc ! Je trouve que les gens qui pratiquent le lower manquent parfois un peu de style, mais lui a beaucoup de classe !

FIGURE CLASSIQUE : Le tour du monde et ses variantes, le LATW et le TATW, tout ce qui se passe quand la jambe tourne autour du ballon !

LES DIFFÉRENTS STYLES

UPPER BODY :

La maîtrise du ballon avec la tête, les épaules, le haut du corps. Dans tous les cas, le ballon reste toujours au-dessus du nombril... C'est un style très répandu au Japon et en Russie.

UN SPÉCIALISTE DU UPPER : Luki, pour sa fluidité et sa rapidité !

FIGURE CLASSIQUE : Le 360, le roll, et le side stall.

#FREESTYLE

LES DIFFÉRENTS STYLES

SIT DOWN :

Comme son nom l'indique, le sit down consiste à jongler assis, les fesses au sol et les jambes en l'air. Bien que les tricks soient limités, cette position offre des possibilités différentes puisqu'elle est la seule qui permette d'avoir les deux jambes décollées. La grande difficulté est que l'on ne peut pas se déplacer pour suivre le ballon !

UN SPÉCIALISTE DU UPPER : Adbullah, le célèbre freestyleur d'Amsterdam !

FIGURE CLASSIQUE : L'Abdullah et le Sole Juggle.

LES DIFFÉRENTS STYLES

GROUND MOVE :

Un style qui consiste à dribbler au sol en se servant de toutes les surfaces du pied : la semelle, le talon, le cou-de-pied… Le ballon reste plaqué au sol et roule dans tous les sens. C'est le style le plus proche du football, puisque ça reprend des mouvements que l'on peut voir sur le terrain. La différence, c'est qu'il n'y a pas besoin d'un opposant !

UN SPÉCIALISTE DU GROUND MOVE : Soufiane Bencok, l'un des meilleurs dans le move, avec un super style !

FIGURE CLASSIQUE : Le V Move.

LES DIFFÉRENTS STYLES

BLOCKS : Ces gestes techniques servent souvent pour arrêter le ballon, en le bloquant avec une partie de son corps, en pliant la jambe, entre les cuisses, etc.

SPINNING : Consiste à faire tourner le ballon sur lui-même au bout de son doigt.

FIGURE CLASSIQUE : Le globe.

TIPS

Tout le monde a son domaine de prédilection. Quand j'ai commencé, j'étais plus branché lower, mais aujourd'hui mon truc, c'est le upper body. Certains freestyleurs choisissent de se spécialiser. Moi, je préfère essayer d'être le plus complet possible.

LE HTW (HOP THE WORLD)

ÉTAPE #1

Lever le ballon avec un pied.

ÉTAPE #2

Passer l'autre jambe au-dessus du ballon.

ÉTAPE #3

Récupérer le ballon avec la jambe qui vient de passer par-dessus.

MA PREMIÈRE TEAM

J'ai découvert cette team quand je vivais à Clermont-Ferrand et que je tentais mes premiers slaps ! Elle était composée de Séan, Andréas et Ice, trois mecs super forts. On parlait beaucoup sur Internet, je leur demandais des conseils et on échangeait sur le freestyle.

Quand je suis parti vivre à Paris, je les ai rencontré et j'ai intégré la team S3 – Street Style Society. C'est une team qui cherchait à être complète, en mélangeant à la fois freestyle football, basket-ball, et breakdance. Ils étaient déjà professionnels, alors que j'étais toujours amateur. On a fait pas mal de shows et de compétitions ensemble. Ce qui m'a permis d'améliorer mon style, parce qu'à cette époque j'étais un peu à l'arrache à ce niveau !

Peu de temps après, le fait de les connaître m'a amené à tourner dans le dernier volet des DVD Komball. J'avais tout fait pour y participer, c'était un de mes rêves ! Ensuite, j'ai été choisi pour faire partie d'un autre DVD sur le freestyle, produit par Europacorp, la société de production de Luc Besson. C'était un documentaire sur le freestyle à travers quatre personnes, dont deux mecs de l'équipe et moi. Ces expériences que j'ai vécues à leurs côtés m'ont aidé à compléter mon CV et me faire connaître.

Aujourd'hui, certains ont quitté l'équipe et créé leur propre team, comme Footstyle. De mon côté, je préfère me développer en solo, pour avoir plus de liberté.

SOUFIANE TOUZANI

Soufiane Touzani, c'est vraiment la légende du freestyle. Il s'est fait connaître avec une vidéo de lui qu'il a postée en 2002 et qui a fait un gros buzz sur Internet. Beaucoup de gens ont commencé à s'entraîner après l'avoir visionnée. C'est encore une référence à l'heure actuelle ! Tout le monde se souvient de ces images et même de la musique qu'il a utilisée. C'est resté dans la tête des gens.

C'est un Néerlando-Marocain qui a une trentaine d'années aujourd'hui. À la base, je crois qu'il se destinait au football, et qu'il avait un plutôt bon niveau. Mais il a subi une grosse opération, on lui a posé une tige dorsale pour redresser sa colonne vertébrale. Donc il a dû interrompre sa carrière, mais il pouvait encore jongler et faire quelques mouvements techniques. C'est comme ça qu'il s'est mis au freestyle.

En 2002, quand il a posté sa vidéo, c'était encore les débuts d'Internet. Il n'y avait pas beaucoup de sites de foot, alors chaque vidéo avait une grande visibilité. Il a ensuite participé à Fifa Street, un jeu vidéo de freestyle football dans lequel on retrouve des tricks qu'il a inventés. Ses figures phares ? Le Touzani Around the World, une variante du tour du monde, et un trick nommé New Shit.

Aujourd'hui, il est encore en activité et a ouvert une école de football, la Touzani School, à Rotterdam. J'imagine qu'il continue d'inspirer des jeunes comme il nous a tous fait rêver il y a quinze ans !

• Figure préférée •

Le Touzani Around the World, en lower body.

ABDULLAH

C'est un type d'origine algérienne qui doit avoir plus de 50 ans maintenant et qui pratique toujours dans la rue, à Amsterdam. C'est un sacré showman ! Il est tous les jours au même endroit depuis peut-être trente ans. Il pratique surtout le sit down, et c'est sans doute le plus fort au monde dans ce style.
Il paraît qu'il a commencé en voyant Maradona jongler assis sur le terrain. Ça l'a fasciné, alors il a attrapé un ballon et il a essayé. C'est sans doute un peu lui qui a créé le sit down tel qu'on le connaît aujourd'hui. Comme il était fan de Maradona, les gens le surnomment « the Amsterdam Maradona », et ce surnom le suit depuis plusieurs années !
Il a créé des tas de figures de fou. Il y a d'ailleurs énormément de vidéos sur YouTube où tu peux le voir pratiquer. Il joue accroché à un lampadaire, sur lequel il grimpe en jonglant, c'est vraiment impressionnant. Il a, lui aussi, remporté un record Guinness : en réussissant 179 jongles en moins d'une minute alors qu'il était suspendu à son poteau !
Les gens hallucinent en le regardant, surtout qu'il n'est plus tout jeune. C'est vraiment un personnage atypique, qui continue à vivre en partie de ses shows dans la rue. D'ailleurs, il paraît qu'il déteste être filmé par quelqu'un qui n'a pas payé pour le show. C'est incroyable de se dire qu'il est connu dans le monde entier alors qu'il n'a jamais bougé de sa place à Amsterdam ! C'est le monde qui est venu à lui grâce à Internet.

• Figure préférée •

L'Abdullah, la figure la plus stylée en sit down.

RICKARD SJÖLANDER AKA PALLE

Palle est un Suédois qui a aussi contribué à populariser le freestyle. Il a commencé par le football, quand il était enfant. Lui aussi a dû s'interrompre quelque temps à cause d'une blessure… Il n'a jamais réintégré son équipe. Parce qu'il avait découvert le freestyle entre-temps !

La spécialité de Palle est le lower body. Il a créé pas mal de tricks dans cette catégorie, mais il est surtout connu pour son triple tour du monde. Eh oui, c'est ça, les références : ils ont tous créé une figure qui fait maintenant partie des classiques !

• Figure préférée •

Le Palle Around the World, un triple tour du monde !

IYA TRAORÉ

Iya a débuté comme gardien de but dans son village en Guinée, avant de rejoindre le club de football Ibrahim FC, à Conakry. Il arrive en France en 2000 pour jouer avec le PSG, mais il continue ses études, et n'a pas le temps de s'entraîner suffisamment pour garder le niveau nécessaire. Alors il se met au freestyle, et c'est maintenant une attraction touristique ! Il est toujours à Montmartre, à Paris, à côté d'un lampadaire. Il grimpe sur ce lampadaire, jongle... Ça fait sensation. Il est devenu célèbre aussi en participant à des émissions de télé, et il a remporté trois records du monde !

JUAN ROBERTO AGUILÓ AKA JUANRO

Juanro est un Chilien qui est né avec un handicap : il n'a pas de bras. Ça ne l'a pas empêché de vivre, au contraire ! Il est tombé amoureux du freestyle et a surmonté son handicap pour progresser, malgré les problèmes d'équilibre qu'il pouvait rencontrer. Aujourd'hui, il participe à des compétitions internationales et il donne des conférences qui sont très suivies. Respect. Je trouve qu'il est l'exemple même qu'on n'a pas d'excuse dans la vie, même si on a des difficultés !

LE TATW (TOUZANI AROUND THE WORLD)

ÉTAPE #1

Passer la jambe par-dessus le ballon comme dans le tour du monde en sautant.

ÉTAPE # 2

Venir taper le ballon avec le pied qui vient d'en faire le tour en croisant les jambes comme pour le crossover.

ÉTAPE # 3

Faire passer l'autre jambe au-dessus du ballon.

ÉTAPE # 4

Réceptionner le ballon avec la jambe qui vient d'en faire le tour.

LE SIT DOWN X-MOVE

ÉTAPE #1

En étant assis, tenir le ballon entre les pieds.

ÉTAPE #2

Lancer le ballon, passer un pied au-dessus et un en dessous.

ÉTAPE # 3

Récupérer le ballon entre les pieds, les jambes croisées.

ÉTAPE # 4

Relancer le ballon en l'air et faire le mouvement inverse de l'étape 2.

ÉTAPE # 5

Réceptionner le ballon entre les pieds pour revenir à la position initiale.

TIPS

Bien attacher ses lacets pour que les chaussures soient bien serrées aux pieds.

14

THIERRY HENRY

Je suis fan de Thierry Henry depuis que je suis petit. D'abord parce qu'il jouait à Arsenal, et par la suite je l'ai vu dans les pubs Nike Freestyle. Je le trouvais tellement stylé ! C'est le seul joueur français qui a disputé quatre Coupes du monde, et surtout l'un des meilleurs attaquants de l'histoire du football français : il détient le record du nombre de buts (51) en sélection nationale ! J'adorais ses frappes enroulées.
Vous connaissez sa particularité ? Ne jamais célébrer un but en criant et en courant dans tous les sens, c'est pas le genre. Il était connu pour son côté arrogant, et moi j'aimais bien ça. Je l'ai rencontré à Madrid dans un événement organisé par Google. Je devais lui poser des questions et animer une conférence avec lui. Avant de commencer, je suis allé l'attendre dans sa loge. On est resté au moins une heure à discuter, à échanger avec le ballon, il me montrait des vidéos sur son téléphone… Au début, j'étais vraiment intimidé ! Mais il est tellement simple qu'il vous met à l'aise très vite. Il y a des footballeurs qui ne parlent pas trop, mais ce n'est pas du tout son cas ! Il est capable de vous sortir une dissertation pour répondre à une simple question. C'était une rencontre que je n'aurais jamais pu imaginer quand j'étais gamin et que je m'entraînais dans ma salle de bains !

LE RED BULL STREET STYLE

Quand on atteint un certain niveau, on a souvent envie d'affronter d'autres joueurs en compétition. La plus prestigieuse est le Red Bull Street Style, qui a lieu tous les deux ans, dans un pays différent chaque fois. Pour y accéder, il faut avoir gagné les sélections dans son pays ou obtenir une invitation spéciale de Red Bull. Dans cette compétition, il n'y a que des battles : des face-à-face entre deux adversaires. Les joueurs se relaient par séquences de trente secondes et exécutent leurs figures à tour de rôle. C'est une sorte de dialogue, un question-réponse : tu fais une figure, l'autre doit y répondre directement et enchaîner avec autre chose. C'est beaucoup plus spontané qu'un show, ça marche à l'instinct ! Trois à cinq juges votent selon différents critères : style, créativité, technique, etc. Le but est de gagner tous les battles pour devenir champion du monde.

LE SUPER BALL

Un autre événement important se déroule chaque année à Prague, en République tchèque : le Super Ball. Là-bas, on trouve plusieurs autres épreuves : le show, le sick three, les battles et le double routine. Le show est un spectacle libre jugé à la fois sur la technique et sur l'aspect artistique. Les membres du jury regardent autant la créativité et l'originalité du show que sa musicalité, son thème et la narration du spectacle. Pour la technique, c'est la difficulté et la réalisation des tricks qui sont jugées, en plus de la variété des styles de figures et du contrôle du ballon. Trois minutes durant lesquelles vous êtes seul sur scène pour dérouler votre choré... Il ne suffit pas de réussir ses figures, mais de le faire avec élégance et en accord avec le son. Il faut bien sûr éviter de laisser le ballon s'échapper, ça fait perdre des points ! Un show, on est censé le maîtriser de A à Z.

L'épreuve du double routine est une variante du show classique, qui se présente en duo. Le but est de faire des combinaisons ou des chorégraphies en se synchronisant, ou en jouant à deux avec les ballons. Les deux participants doivent se caler sur la musique. Pour ma part, je n'ai encore jamais tenté cette épreuve !

Le principe du sick three est de sortir un combo de trois mouvements, c'est-à-dire un enchaînement de mouvements sans jongler entre les figures. C'est le combo le plus impressionnant qui gagne ! Les figures sont libres, mais plus elles sont compliquées et plus vous avez de chances de gagner.

Le Super Ball est une compétition ouverte, donc tout le monde peut s'inscrire, peu importe son niveau. Mais bon, tu risques de te faire vite sortir si tu débutes ! Dommage qu'il n'y ait pas de compétition locale pour les débutants ou les amateurs. Il existe seulement des meetings, qui sont des sortes de rassemblements où les gens s'entraînent et se montrent ce qu'ils savent faire.

LE KING OF FREESTYLE

Depuis des années, j'ai envie de créer ma propre compétition. Je voulais passer de l'autre côté, organiser plutôt que participer. Durant ma carrière, j'ai pris part à beaucoup de compétitions différentes et j'ai pu voir leurs défauts. Avec King of freestyle, mon but est de corriger ces défauts pour proposer le meilleur évènement possible.

Bien sûr, il a fallu attendre longtemps pour voir ce projet naître. Je devais trouver les bonnes personnes, le bon lieu et le bon moment. Mais avec une première édition au Cirque d'hiver de Paris et juste avant une coupe du monde de football, je suis plutôt satisfait d'avoir patienté tout ce temps.

Eh oui ! Je parle de première édition car j'ai bien en tête de faire du King of freestyle une compétition sur la durée. Et pourquoi pas, faire en sorte qu'elle se déroule dans d'autres pays, avec un système de qualifications puis une phase finale comme dans le foot ? Cette idée me plaît mais il va encore falloir travailler pour en arriver là.

Pour l'instant, ce sont les meilleurs freestyleurs du monde qui sont invités au King of freestyle, hommes et femmes. Tous pourront montrer ce qu'ils valent à travers des battles à un contre un. Le but est simple, pour eux, gagner ; pour moi, mettre en avant le talent et le freestyle.

Maintenant, mon rôle n'est plus de prendre part aux compétitions. Pour un sportif, je commence à vieillir et des jeunes freestyleurs me dépassent. Alors, je cherche à passer le flambeau pour que ce sport continue à grandir et à vivre. Et qui sait, un jour peut-être qu'on verra du freestyle aux Jeux olympiques.

MES PROCHAINS OBJECTIFS ?
PEUT-ÊTRE TOURNER UN FILM SUR LE FREESTYLE EN M'APPUYANT SUR MON HISTOIRE.
J'AIMERAIS AUSSI ORGANISER DES COMPÉTITIONS, OUVRIR UNE ACADÉMIE DE FREESTYLE...
JE NE MANQUE PAS DE PROJETS !

L'AMBIANCE

Au Super Ball, l'ambiance est très « à la cool ». Il y a tout le temps de la musique, des mecs qui boivent des bières, d'autres qui s'entraînent entre eux… Le midi, on va se chercher de quoi grignoter au supermarché et on mange sur place. Tout le monde traîne dans le coin, et on t'appelle quand c'est à ton tour de passer. Ensuite, les qualifs se déroulent sur une scène moyenne et la finale, sur la grande scène. Tout le monde peut regarder. C'est impressionnant, mais on essaie de ne pas se concentrer là-dessus.

Le Red Bull Street Style est plus « sérieux ». En arrivant, on nous fournit le planning très précis de nos journées : interviews, photos, visites officielles organisées par le pays… Les qualifications durent deux à trois jours, et la finale se déroule pendant la dernière soirée.

Au début, comme les freestyleurs formaient une petite communauté assez soudée, tout le monde se connaissait. En compét, on était content pour celui qui gagnait, c'était bon enfant. Avec le temps, c'est devenu un peu plus compétitif. Ça prend de l'ampleur et on est de plus en plus nombreux, je ne peux même pas suivre les nouveaux !

J'ai déjà été juge et j'ai bien aimé cette expérience. C'est valorisant, parce que ça veut dire que je suis assez respecté dans le milieu et qu'on fait confiance à mon regard. Par contre, c'est beaucoup de responsabilités ! Il ne faut pas se tromper, et être vraiment impartial. Surtout qu'il y a des chances pour que l'un des concurrents soit un ami : je ne dois pas être influencé par ça.

Pour moi, c'est très important de choisir les bonnes personnes pour juger chaque catégorie. L'année où j'ai perdu au Super Ball, les membres du jury n'avaient rien à voir avec le show : c'étaient des gens peu sensibles au côté artistique, qui ne regardaient que la technique. S'ils avaient eu un peu plus d'expérience dans ce genre d'épreuve, j'aurais accepté plus facilement mon échec.

SE PRÉPARER

Environ deux mois avant une compétition, je concentre mon entraînement sur le freestyle. En temps normal, je fais du sport pour garder la forme, mais là je reprends toutes les figures que je veux maîtriser pour la compét. Je vais axer sur mes points forts, choisir des tricks assez difficiles mais que je connais bien. Et je vais répéter au moins deux à trois heures par jour ! Pour un battle, je prépare plusieurs passages que je veux pouvoir sortir sur scène. Je les note, puis je les répète encore et encore, jusqu'à ce que je sente que je pourrais les réussir même sous la pression.

Ma préparation mentale est un peu particulière, parce que je suis assez sensible au stress. Donc pour réussir, j'essaie de ne pas penser à la compét ! Plus j'y pense, plus je me mets de pression et plus j'ai de risques de rater. Alors j'essaie de ne pas regarder ce que les autres font et de rester concentré sur mon entraînement. En général, je ne perds pas mes moyens en compétition, mais si j'échoue je peux être très mal et même en pleurer. Ça s'améliore un peu avec le temps, mais j'ai encore des échecs qui m'énervent ! Le trac peut aussi aider à être plus concentré. Le mieux, c'est d'apprendre à s'en servir.

Les shows dans la rue m'ont donné beaucoup d'armes pour gagner en compét. J'ai appris à interagir avec le public et ça me donne un avantage sur les autres concurrents : j'arrive à me mettre le public dans la poche et ça joue en ma faveur pendant les shows ou les battles. Montrer mon travail dans la rue m'a aussi aidé à gérer la pression, parce que j'ai l'habitude qu'il y ait du monde autour de moi. Il y a des freestyleurs qui réussissent des trucs de malade en vidéo, mais qui ont les jambes qui tremblent dès qu'ils montent sur une scène !

LA COURONNE

ÉTAPE #1

Placer le ballon en équilibre sur la nuque et mettre les mains au niveau du visage posées l'une sur l'autre.

ÉTAPE #2

Faire rouler le ballon le long du bras pour l'amener jusqu'aux mains en tournant sur soi-même

ÉTAPE #3

Toujours en tournant, ramener le ballon à sa position initiale sur la nuque en le faisant rouler le long de l'autre bras.

TIPS

Bien accompagner le ballon avec la tête pour le tenir en équilibre.

6 CONSEILS DE WASS POUR GAGNER EN COMPÉTITION

#1

Répéter les mouvements un million de fois pour ne (presque) jamais faire tomber la balle.

#2

Présenter ses propres figures, mais ne pas se lancer dans des tricks trop compliqués.

#3

Ne pas trop penser à la compétition avant pour limiter la pression.

#4

Travailler avec la musique.

#5

Interagir avec le public : sourire, faire applaudir, chauffer la salle...

#6

Prendre du plaisir !

#TUTOS

LE SPINNING

ÉTAPE #1

Tenir le ballon avec une main en dessous et la seconde sur le côté, vers soi.

ÉTAPE #2

Lancer le ballon en le faisant tourner.

ÉTAPE #3

Réceptionner le ballon qui continue de tourner sur le doigt.

TIPS

Éviter de porte[r] des colliers ou des bijou[x] pour ne pas être gêné

LES DIFFÉRENTES DISCIPLINES

STREET SOCCER :

Ce sont des matchs de foot de rue sur terrain réduit. Il suffit d'être au moins deux, dix maximum, et de délimiter le terrain et les cages par divers objets. Ensuite, c'est comme un vrai match de foot ! Sauf qu'il faut essayer de placer le maximum de gestes techniques.

LE PANNA KO :

C'est une nouvelle forme de foot de rue qui est née aux Pays-Bas. Ça ressemble à un match de foot miniature qui se joue à un contre un pendant trois minutes. Au Panna KO, la technique et la recherche artistique sont plus importantes que le fait de marquer des buts. C'est un jeu de dribbles associé à du ground move. C'est aussi assez stratégique, parce qu'il faut savoir se placer au bon endroit et être assez rusé pour surprendre son adversaire. Pour faire court, celui qui se prend un petit pont a perdu ! En Hollande, c'est une vraie humiliation de faire passer le ballon entre les jambes d'un autre. Là-bas, de grosses compétitions sont organisées chaque année. Nike a bien contribué à promouvoir ce sport, ils avaient fait la promo en 2006 d'un de ces événements, le Nike Panna KO.

LE FREESTYLE BASKET-BALL :

C'est la variante « basket » du freestyle, avec les mains.

LES FILLES ET LE FREESTYLE

Pendant longtemps, les filles n'ont pas été très représentées dans le freestyle. Mais heureusement, elles sont de plus en plus nombreuses, et beaucoup d'entre elles ont un très bon niveau. Il y a des sections féminines dans toutes les compétitions maintenant, et je crois savoir que la concurrence est rude ! Et comme elles sont quand même moins nombreuses à pratiquer, celles qui le font bien peuvent avoir plus de visibilité.

Il n'y a pas vraiment de « freestyle féminin » : on retrouve les mêmes figures pour tout le monde. C'est plus le style qui va changer selon le genre. La féminité peut vraiment ajouter beaucoup d'esthétique et de grâce aux mouvements… J'ai l'impression que d'une manière générale les filles sont très bien accueillies par la communauté. Elles sont très intégrées et pas du tout mises à l'écart ou dévalorisées. Je suis content de voir que les hommes les considèrent comme leurs égales dans ce sport !

RAQUEL BENETTI

C'est une fille qui n'avait rien à voir avec le freestyle à la base. Elle est brésilienne, et elle a été modèle. Elle est super connue dans son pays. Elle s'est mise au freestyle, elle a progressé, et puis elle s'est trouvé une spécialité bien à elle : le freestyle en talons !
Cette idée est venue d'une amie à elle qui lui a proposé d'essayer de réunir ses deux univers en associant ballon et talons aiguilles. Raquel a voulu essayer, elle a posté une vidéo sur Facebook qui est tout de suite devenue virale. Ça l'a motivée, alors elle a continué à s'entraîner, et maintenant c'est une vraie spécialiste.

Il y a quelque temps, j'avais promis à mes abonnés de l'inviter à Paris si j'obtenais un certain nombre de like sur une vidéo. Comme ç'a eu un grand succès, j'ai dû tenir parole, et Raquel est venue nous rendre visite. C'était une super expérience de la recevoir ici. On a fait plein de choses : je l'ai invitée au Parc des Princes pour voir un match du PSG, et elle nous a organisé une rencontre avec Neymar, qu'elle connaissait parce qu'elle avait fait un show devant l'équipe du Brésil. Bref, on a tourné beaucoup de vidéos ensemble, et grâce à elle on peut me voir tenter ma chance en talons...
Je voulais promouvoir le freestyle féminin, et je trouvais que sa particularité était atypique. J'étais aussi content de lui permettre un peu de se faire connaître en France, parce qu'elle le mérite bien. Je trouve que son histoire montre qu'on peut toujours trouver des moyens de se différencier, et que l'on peut faire du freestyle sans perdre sa féminité !

POLA GOMEZ

Pola a découvert le freestyle sur Internet alors qu'elle était en convalescence à la suite d'une rupture des ligaments croisés pendant un match de foot. Sur YouTube, elle suivait ma chaîne et un jour, je lui ai envoyé une vidéo pour la motiver, l'encourager. Et c'est là qu'elle a commencé à s'entraîner. Elle était plutôt renfermée mais le freestyle l'a aidée à s'ouvrir plus, à se dépasser. Au niveau du style, elle s'est spécialisée dans le sit down à cause de sa blessure. Pour elle, c'était plus simple de travailler assise. Même si aujourd'hui, elle se diversifie.

Assez rapidement, elle est devenue vraiment douée et j'ai décidé de la sponsoriser avec Speen, de faire faire d'elle l'ambassadrice de ma marque. J'étais son parrain dans le freestyle, je la conseillais, la coachais sur son style, sur ses vêtements et je suis carrément devenu son sponsor !

Je suis vraiment fier d'elle parce qu'aujourd'hui, elle est suivie par des milliers de personnes, elle participe à des meetings de freestyle... Dans le fond, sa carrière ressemble à la mienne et bientôt, elle pourra, elle-aussi, participer à de grosses compétitions.

• Figure préférée •

Le Jordan stall.

LISA ZIMOUCHE

Je connais Lisa Zimouche depuis qu'elle est toute petite. Pendant les entraînements, je voyais toujours cette petite fille qui venait nous regarder sans rien dire... Elle passait des heures à nous observer nous entraîner. À force, elle a pris un ballon et a commencé à essayer de passer des tricks. À partir de ce jour, elle nous a suivis partout, dans tous les entraînements, et elle a beaucoup progressé. Aujourd'hui, elle n'a que 18 ans et c'est l'une des filles les plus connues dans le milieu. Elle a plus d'un million d'abonnés sur Instagram. Ses spécialités, c'est d'humilier la plupart des joueurs avec ses petits ponts. Elle est aussi très forte en ground move : j'adore comme elle associe la rapidité et la technique !

LE CANON

ÉTAPE #1

Au sol, le ballon est coincé entre la cuisse et le mollet. La main opposée est posée au sol, l'autre levée, prête à aller au sol.

ÉTAPE #2

Se retourner en posant la main levée au sol pour que le ballon soit vers le haut.

ÉTAPE #3

Se propulser avec la main au sol et tendre la jambe pour faire décoller le ballon.

ÉTAPE #4

Pendant que le ballon est en l'air, s'assoir, jambes écartées.

ÉTAPE #5

Monter légèrement les jambes en rapprochant les talons pour amortir la réception du ballon.

F.F.F.
10

ZINEDINE ZIDANE

Ma rencontre avec Zidane a eu lieu lors d'un retour d'Alger. L'équipe de France 1998 avait été invitée pour un match de gala, en salle. Moi, je devais assurer un show pendant la mi-temps. J'avais fait le voyage avec l'équipe, mais Zidane n'était pas avec nous, ni même à l'hôtel avec les autres.

Après l'événement, au moment de partir avec le bus, je me retrouve au milieu de tonnes de fans, dehors. Tout le monde voulait voir les joueurs, il y avait un bordel pas possible. Et là, le mec de la sécurité ne veut pas me laisser monter… C'est finalement Didier Deschamps qui m'a permis de le faire. Je grimpe dans le bus, et je passe d'un extrême à l'autre : de la cohue du dehors au calme qui règne dans le car. Je fais quelques pas, et je vois Zidane ! Il me regarde, me sourit, puis me serre la main et dit : « C'est bien ce que tu fais, continue. » J'étais super fier.

Pour moi, Zizou restera toujours associé à la finale de 1998. J'étais petit à l'époque, mais je me souviens très bien de son doublé de la tête. Il est connu pour son toucher de balle et pour sa « roulette » que tous les grands joueurs ont reprise. C'est une légende du foot, et techniquement il est excellent. Je trouve qu'il est resté assez simple et ça le rend encore plus sympathique !

#STORYTIME

DEUX FOIS OÙ JE ME SUIS PRIS LA HONTE EN PUBLIC

1 La première histoire se passe au Qatar, j'avais été choisi pour faire partie du jury dans une compétition. Il était prévu que je délivre la coupe à l'heureux gagnant de la finale. J'avoue que j'étais un peu stressé et que j'appréhendais de me retrouver sous les projecteurs... Quand le moment de passer à l'action arrive, l'organisateur se met à me parler très vite en anglais. Impossible de comprendre un mot ! Je ne savais pas quoi faire, alors j'ai tendu la coupe au hasard à l'un des deux finalistes. Et là, c'est la cata : tout le monde s'est retourné, les caméras se sont braquées sur moi, et l'organisateur continuait à débiter dans son anglais incompréhensible. Bon, là j'ai compris que c'était pas le bon ! Grosse honte, je dois reprendre la coupe au pauvre mec pour la donner à l'autre...

Et comme si ça ne suffisait pas, tout le monde n'arrêtait pas de me demander : « Mais Wass, pourquoi t'as fait ça ? » Comme si je l'avais fait exprès... Bon, depuis j'ai fait des progrès en anglais !

2 Un jour, je devais organiser une animation pour le Mondial de l'auto. Je lance un duel de petits ponts avec le public, avec à la clé deux places pour un match du PSG pour le premier qui arrive à m'en mettre un. J'étais assez sûr de moi, alors j'en rajoutais un peu pour chauffer les gens.
Et là, paf ! Un mec s'approche et me passe un petit pont direct. Bon, je ne l'ai pas mal pris, mais quand il y a du monde autour qui crie et qui rigole, c'est un peu la honte ! Surtout que je ne l'ai pas du tout vu venir...

LE V-MOVE

ÉTAPE #1

Maintenir le ballon au sol, sous la semelle.

ÉTAPE #2

Faire rouler le ballon derrière la jambe d'appui en gardant le pied dessus.

ÉTAPE #3

Envoyer le ballon vers l'avant du côté extérieur de la jambe d'appui. Avec cette dernière, le récupérer.

LE CORPS

Si vous voulez être un sportif, il faut vous dire que votre corps est votre outil de travail. Il faut en prendre soin pour ne pas se blesser et l'entretenir pour garder la forme. Pour moi, comme je propose des prestations de freestyle, c'est encore plus important… C'est ma condition physique que je vends : si j'arrive avec du bide, je ne ferai pas la même impression !

Pour conserver la forme, j'essaie d'avoir une bonne hygiène de vie et de faire du sport tous les jours. Je vais courir, faire du cardio, un peu de muscu… J'essaie quand même de ne pas devenir trop massif : j'ai besoin de rester léger. Mais tout le monde ne voit pas les choses de cet œil-là ! Je me considère comme un sportif qui doit avoir un entraînement digne de ce nom. D'autres pensent plutôt : « Je suis un artiste, j'ai pas besoin de ça. »

Quand on débute, l'important c'est de se concentrer à fond sur le freestyle. Pas la peine de s'inquiéter du reste. Le freestyle développe la coordination et l'endurance, et c'est exactement ce dont vous avez besoin pour commencer ! Répéter ses mouvements sans cesse, c'est physiquement éprouvant, surtout en terme de cardio. C'est ce que j'ai fait pendant des années, et ça suffit. Il ne faut pas chercher à avoir du muscle, mais à être explosif, agile. En complément, on peut pratiquer la boxe, parce que l'effort fourni est court et intense, exactement comme en freestyle.

Pour le régime alimentaire, comme c'est un sport individuel et qu'il n'y a toujours pas de fédération ni de coach, chacun est livré à lui-même. C'est-à-dire que si je voulais manger uniquement des kebabs tous les jours, je pourrais. Après, chacun fait comme il le sent : moi j'essaie de faire atten-tion, mais d'autres s'en fichent ! Bon, reconnaissez quand même que c'est toujours mieux de manger sainement.

LE MENTAL

Le freestyle m'a changé. J'étais super timide, et maintenant je parle à des milliers de gens sur YouTube ! Vous vous rendez compte ? Je présente des shows en public alors que petit je redoutais tellement de passer au tableau... Sans le freestyle, je pense que je serais resté le garçon trop réservé que j'étais. Je serais peut-être même beaucoup plus renfermé, voire un peu marginal.

Je dois beaucoup au freestyle, et je pense que tout le monde peut profiter de ses effets positifs ! Ça améliore la concentration et ça donne de la confiance en soi en aidant à se faire respecter. Sans parler de toutes les valeurs du sport : la patience, la persévérance, la détermination...

Pour être le meilleur en freestyle, il faut aussi avoir l'esprit ouvert. Son aspect artistique demande d'être curieux pour ne pas manquer de sources d'inspiration. On peut trouver des idées un peu dans toutes les disciplines sportives ou artistiques, mais pour ça il faut garder les yeux ouverts sur le monde. Le freestyle permet les rencontres, il pousse à aller vers l'autre pour apprendre de lui. J'ai découvert d'autres cultures en voyageant et en discutant avec des personnes de tous les pays !

Si on a envie de s'y mettre, tout le monde peut devenir bon dans ce sport, le seul prérequis, c'est de décider de ne jamais abandonner. Ça finit toujours par marcher ! Et le talent, tout le monde peut l'acquérir à force de travail. Il suffit d'être déterminé, et toutes les qualités nécessaires pour être un bon freestyleur en découlent !

LA CULTURE POPULAIRE

Le football et le freestyle sont nés dans la rue : n'importe quel gamin peut prendre un ballon et s'y mettre. Ça se pratique partout, pas besoin de terrain spécifique, ni même de matériel coûteux. Tu peux simplement aller dehors ou rester dans ta chambre, peu importe, tu pourras toujours t'entraîner quelque part.

Parfois, je regrette qu'il y ait cette connotation urbaine, avec les tags, alors que le freestyle peut être plus classe, je trouve. Je n'aime pas ce cliché de la rue ; on peut aussi évoluer dans des univers différents, s'inspirer de celui du cirque par exemple. Dans mon style et ma pratique, j'essaie de créer un univers différent, comme quand je tourne mes vidéos dans des spots sans tags. Pour mes shows, je vais chercher des musiques qui sortent un peu du hip-hop, et même ma tenue vestimentaire a changé ! En bref, je ne me vois pas comme un mec de cité, mais comme un sportif.

Le freestyle n'est pas encore très représenté dans la culture : il y a peu d'œuvres qui parlent de ce sport. Quand j'étais petit, je regardais un dessin animé qui s'appelait *Foot 2 rue* sur France 3, c'était la première référence qui montrait ces nouvelles disciplines aux enfants. Un peu plus tard, en 2006, il y a eu *Galactik Football*, un dessin animé sur une équipe de football futuriste, les Snow Kids. Pour cette série, ils avaient pris des footballeurs de l'époque pour faire le motion capture. Ensuite, il y a eu le jeu vidéo *Fifa Street* en 2012. Par contre, il n'y a pas encore de film qui aborde le sujet. J'aimerais bien faire ça un jour !

LIVRE GUINNESS DES RECORDS

En 2009, j'ai obtenu un record du monde qui n'était pas du tout prévu. Le Guinness me contacte un jour pour me proposer d'essayer de remporter le record de tours du monde en moins d'une minute. L'aventure m'attirait, mais j'étais embêté : même si je maîtrisais cette figure, ce n'était pas mon point fort. À ce moment-là, je pense à un ami qui est le meilleur pour le tour du monde. Pourquoi pas lui ? Il accepte de tenter sa chance, et on se rend tous les deux sur le tournage de l'émission.

Sur le plateau, j'apprends qu'un mec ne s'est pas présenté pour un autre record. Toute la production est en panique à cause de cette annulation, ils ne savent pas quoi faire pour le remplacer. De mon côté, j'avais pas mal de facilités à enchaîner les globes à cette époque. Je n'aurais pas forcément osé un record du monde en temps normal, mais là, l'occasion était parfaite ! Alors j'ai dit au jury : « Hé, je suis là moi ! », et je leur ai montré à quoi ressemble le globe. L'équipe du Guinness s'est concertée pendant un bon moment, jusqu'à ce que quelqu'un vienne me voir pour me dire : « Prépare-toi, tu passes dans la prochaine émission. »

Et c'est comme ça que j'ai réussi le record du monde, avec 34 globes en une minute. Ce record a été un super tremplin dans ma carrière, il m'a donné suffisamment de visibilité pour me lancer. La vie réserve parfois de bonnes surprises !

LE BLOCAGE CUISSE

ÉTAPE #1

Taper le ballon pour le lever.

ÉTAPE #2

Pivoter pour attraper le ballon entre la cuisse et le mollet.

ÉTAPE # 3

Lâcher le ballon et le taper
avec le talon de l'autre jambe.

ÉTAPE # 4

Réceptionner le ballon
avec la jambe de départ.

MARIO BALOTELLI

Il a joué à Milan et Manchester City et il est maintenant à Nice. C'est un super attaquant, connu pour ses coups francs et pour ses penalties. Il paraît qu'il n'en a raté que deux depuis le début de sa carrière. C'est un personnage assez atypique, en quelque sorte le Zlatan italien !

On s'est rencontré sur un tournage en décembre 2016. Je devais faire un défi avec lui pour une publicité Puma. Avant le tournage, on s'est retrouvé dans les vestiaires, et je lui ai proposé un duel de petits ponts. Et là, avec son humilité légendaire, il me répond : « Seule la légende Fabregas est arrivée à me mettre un petit pont, et aucun autre joueur n'y arrivera ! » Je le prends au mot, et j'essaie quand même. C'est très serré ! Mais aucun ne passe, ni pour lui ni pour moi. On s'arrête sur ce match nul, et je reviens pour me changer pour le tournage. À ce moment-là, Mario Balotelli prend son portable, et alors que j'étais en train de sortir tranquillement il lance le ballon entre mes jambes et filme ce petit pont volé !

Bref, on s'est très bien entendu. Pendant tout le tournage, il attendait que l'on se déplace pour tenter de nous mettre des petits ponts. On était obligé de rester tout le temps sur nos gardes ! J'ai fini par réussir à lui en mettre un pendant le tournage, heureusement, j'ai sauvé l'honneur. Pourtant, il était sur la défensive.

On s'est revu en décembre 2017, pour un autre tournage. Cette fois, une voiture conduite par un drifteur professionnel tournait en rond en dérapant et on devait tirer dans une petite cage placée sur son toit. C'était fou, la puissance de cette voiture !

J'étais content de revoir Mario et on a de nouveau passé un très bon moment.

LE HTATW
(LE HOMIE TOUZANI AROUND THE WORLD)

ÉTAPE #1

Brosser le ballon de l'extérieur du pied.

ÉTAPE #2

Passer la jambe au-dessus du ballon.

ÉTAPE # 3

Sauter et passer également l'autre jambe au-dessus du ballon.

ÉTAPE # 4

Réceptionner le ballon avec la jambe qui vient de passer au-dessus.

L'IMPORTANCE DE L'ÉCHEC

Quand j'ai commencé le freestyle, je ne travaillais que ma technique. J'ai progressé jusqu'à faire partie des meilleurs en France, mais je me suis rendu compte que mis à part les initiés, le public n'y était pas très sensible. Pendant mes shows, je voyais que les gens ne comprenaient pas, qu'ils ne percevaient pas la difficulté de ce que je réalisais. Ils préféraient souvent des figures moins techniques et plus spectaculaires. J'ai aussi vite senti que j'avais la fibre créative, alors j'ai privilégié le côté artistique ! C'est quand j'ai cherché à définir mon style que je me suis mis à créer mes propres figures. Et au fil des années, je me suis fait un nom avec ces figures, et j'ai été loin en compétition en n'utilisant que mes créations. Ça m'a rendu assez fier.
La technique, c'est impressionnant sur le moment, mais très éphémère : tu es le meilleur un certain temps, jusqu'à ce que quelqu'un te rattrape. C'est comme ça dans toutes les disciplines ! Il y aura toujours un petit nouveau qui fera mieux un jour, et quand ça arrive il ne reste rien de ta performance, à part un bon souvenir ! Alors que la créativité reste à vie. Les autres peuvent juste copier tes figures, ton style. Ils peuvent l'aimer ou pas, mais en tout cas ça t'appartient et personne ne peut te le prendre...

DEUX ÉCHECS QUI ONT CHANGÉ MA VIE

En 2010, j'ai participé à ma première coupe du monde en Afrique du Sud. Je voulais atteindre le top 16 mondial, et je l'ai raté de peu. J'étais dégoûté, j'en pleurais. Mais j'ai rebondi assez vite et repris les entraînements pour revenir plus fort. Deux ans plus tard, en Italie, c'est reparti ! J'avais acquis de l'expérience, mais le niveau général avait aussi augmenté... Et j'ai perdu de quelques points. Finalement, c'est en 2013, au Japon, que j'ai réussi. Pourtant, j'avais des poules très dures pour arriver jusqu'en finale. Mais je n'y suis pas allé avec la même mentalité : les années précédentes, je m'étais mis une grosse pression, alors que cette fois j'étais beaucoup plus détendu. J'avais surtout envie de visiter le Japon ! C'est comme ça que je me suis qualifié, et mes deux échecs précédents m'ont permis de savourer encore plus cette victoire.

J'ai représenté l'Algérie pendant la coupe du monde de freestyle de 2014. Je suis né en France, mais j'ai la double nationalité. C'était important pour moi d'être le premier à représenter ce pays. C'était deux mois avant la Coupe du monde de foot, pour laquelle l'Algérie venait de se qualifier, après dix ans sans arriver en phases finales. Vous imaginez la ferveur autour du foot que ç'a provoqué là-bas ? Ça m'a rendu très populaire : j'étais dans plein de médias, on me voyait sur les couvertures des magazines, ou dans des pubs à la télé. Pendant quatre ou cinq ans, la majeure partie de mes prestations s'est déroulée là-bas. Mais cette période s'est terminée de manière un peu brutale et je me suis retrouvé sans rien... Je suis rentré en France, et j'ai dû repartir de zéro. C'était vraiment difficile, et c'est pour rebondir que je me suis lancé sur YouTube. J'avais déjà testé pas mal de trucs : les shows, les compéts, les événements... Je voulais entreprendre quelque chose de nouveau, alors j'ai tenté ma chance. Je n'aurais peut-être jamais essayé si tout avait continué tranquillement en Algérie !

CRÉER SON STYLE ET LE FAIRE ÉVOLUER

Le style, c'est la façon dont vous allez exécuter une figure. Ça commence bien sûr par les tricks que vous choisissez, ou la spécialité que vous préférez. Ensuite, votre style sera caractérisé par votre façon de danser, de vous comporter sur scène, de jouer avec la musique… Et même par votre manière de bouger ou votre tenue vestimentaire. Je dis souvent qu'un freestyleur qui a un style bien défini est reconnaissable à son ombre !

Il ne faut pas avoir peur de s'appuyer sur ses différences. On a toujours une particularité, il faut juste savoir la trouver ! Et certains inconvénients peuvent devenir des avantages. Par exemple, le Chilien Juan Roberto Aguilo, n'a pas de bras, et ça ne l'empêche pas de faire des compétitions internationales ! Il a des difficultés d'équilibre à cause de son handicap, alors il s'est spécialisé dans le jonglage assis, pour lequel il est excellent. Tout le monde a ses spécificités, il suffit de se servir de son identité pour définir son style !

TROUVER SES THÉMATIQUES, INVENTER SES FIGURES

En freestyle, on peut s'inspirer de tout, et c'est ce qui rend cette discipline si riche. Moi, j'emprunte des mouvements à la danse, bien sûr, et je regarde beaucoup les artistes de rue. J'ai une autre source d'inspiration, qui est moins évidente : la GRS, la gymnastique rythmique sportive. Je pense que les freestyleurs ont beaucoup à en apprendre. Quand je vois la souplesse de ces gymnastes et leur manière de jouer avec leur corps, je trouve ça magique. Dans une de mes vidéos, on peut voir ma rencontre avec Kseniya, qui est championne de GRS. C'est vraiment intéressant de partager avec des sportifs qui pratiquent des disciplines très différentes, ça permet de s'ouvrir à d'autres univers et c'est un vrai bonus pour booster sa créativité !

J'ai plusieurs pistes pour choisir mes thématiques : un film que j'ai kiffé, un sujet qui me tient à cœur ou juste l'actualité… Parfois, il suffit d'entendre une musique pour qu'une idée naisse ! Dans le genre film, j'ai incarné le Joker de *Batman*, et j'ai aussi réinterprété *Phone Game*. Une année, j'ai eu envie de traiter de l'esclavage dans un show. L'inspiration peut partir dans tous les sens, comme pour une finale où mon idée était de jouer avec trois ballons. Chacun d'entre eux représentait un monde : la jungle, la ville, et un stade de foot.

Pour raconter une histoire avec une chorégraphie, je m'appuie surtout sur la musique, la gestuelle et la danse avec le ballon. Par exemple, j'utilise parfois des enregistrements de ma propre voix pour délivrer un message.

Pour inventer une figure, je pars d'un trick basique, que j'essaie de remixer de toutes les manières possibles. Et quand je vois qu'il y a une possibilité qui se dessine, je développe jusqu'à ce que je trouve.

5 CONSEILS DE WASS POUR CRÉER SON STYLE

#1

S'ouvrir à tous les arts et les sports pour élargir sa créativité.

#2

Créer ses propres figures pour y glisser sa touche personnelle !

#3

S'appuyer sur ses différences pour avoir un style qui nous ressemble vraiment.

#4

Trouver sa propre façon de bouger : certains sont très rigides, d'autres sont élastiques…

#5

Choisir une tenue vestimentaire qui nous corresponde – si tu as ton propre style, les autres te reconnaissent. La tenue a toujours un petit impact visuel !

LE NEW SHIT

ÉTAPE #1

Faire rebondir le ballon sur la pointe du pied.

ÉTAPE #2

Avec le pied droit, amener le ballon au niveau de la cheville gauche en le faisant passer derrière la jambe gauche.

ÉTAPE # 3

Continuer de se retourner en passant la jambe qui n'a pas encore touché le ballon au-dessus de celui-ci.

ÉTAPE # 4

Avec le pied droit, amener le ballon au niveau de la cheville gauche en le faisant passer derrière la jambe gauche.

LES RÉSEAUX SOCIAUX

J'ai ouvert un blog dès mes débuts en freestyle. C'était un Skyblog sur lequel je mettais en vrac des photos de sportifs que j'appréciais, mes premières vidéos, etc. Et puis j'ai continué sur le site de Nike Freestyle ou sur des forums spécialisés. C'est comme ça que j'ai eu mes premiers contacts avec d'autres passionnés. C'est quand je suis rentré d'Algérie que je me suis lancé sur YouTube. Depuis un moment, je sentais qu'il y avait quelque chose à faire avec ce site, je regardais de plus en plus de vidéos et j'avais envie d'exprimer ma propre voix.

Mon truc, c'est que j'essaie de démocratiser le freestyle. Je voudrais que n'importe qui puisse comprendre ce que je fais, même s'il ne connaît rien à ce sport. J'ai commencé par des vidéos de tutos assez simples. Mais j'avais envie d'intéresser des gens qui ne le sont pas par le foot ni aucun autre univers de ballon. Alors, pour élargir mon public, je suis allé à des événements organisés par YouTube, où j'ai rencontré plusieurs personnes venant de mondes différents. Je leur ai proposé des concepts de vidéos défis, et ça en a branché certains. Si je ne faisais que des vidéos sur mon entraînement ou mes meilleures figures, ça n'aurait jamais pris. C'est aussi pour cela que je mets plutôt l'accent sur des figures faciles, même si on me le reproche parfois. Mais si je ne montre que des tricks de malade, les gens abandonnent direct, et pour moi, l'important c'est de démocratiser le freestyle, parce qu'il le mérite !

YouTube, ça prend pas mal de temps : entre les tournages, certains montages que je fais moi-même, la préparation de vidéos… Certaines semaines, je tourne tous les jours. Il y a aussi des moments où je tourne moins, voire pas du tout. Ça dépend de ma disponibilité et de plein d'autres critères. Mais c'est super : on peut faire ce qu'on veut, exprimer tout ce qui nous importe… C'est un espace de créativité que j'adore.

L'ÉQUIPEMENT

LA TENUE

L'idéal, c'est un **TEE-SHIRT** près du corps qui va permettre de retenir la transpiration.

Pour le **PANTALON**, il faut quelque chose de souple et de près du corps pour ne pas te gêner dans tes mouvements.

LES CHAUSSURES

Les chaussures doivent être le plus légères possible, très souples, et avec une bonne semelle. C'est très important pour avoir de bons appuis. Il ne faut pas oublier que beaucoup de figures se font avec la semelle.

LE BALLON

Pour choisir le ballon qui te correspond, il faut savoir quel genre de freestyle tu veux exécuter. Si tu es plutôt puriste du football, tu vas utiliser un ballon de foot classique. Si tu veux te différencier et avoir un ballon propre au freestyle, tu vas prendre un ballon en caoutchouc qui grippe, c'est-à-dire qui accroche. Il te permet d'utiliser les pieds et les mains et de mieux le bloquer. Pour en prendre soin, c'est bien de le nettoyer à l'eau chaude et au savon. Les ballons en caoutchouc ont tendance à prendre la poussière et à perdre leur aspect grippant.

#STORYTIME

CRÉER SA MARQUE

Quand j'ai commencé le freestyle, j'ai tout de suite pensé à créer une marque. Je n'avais même pas vraiment réussi ma première figure que je disais déjà à des potes : « Venez, on lance notre propre marque ! » Je l'avais appelé 3Style. J'avais dessiné un logo un peu moche et fabriqué des tee-shirts avec des stickers. Bref, c'était un rêve de gosse ! Mais cette idée ne m'a jamais quitté. J'ai rencontré des personnes qui aiment le freestyle et le projet. Sans cette équipe, la marque n'en serait pas là et aujourd'hui, Speen, ce n'est plus seulement moi, c'est devenu bien plus. J'ai repensé à mon rêve d'enfance et j'ai eu envie de lancer ma propre marque, quelque chose qui me ressemble et qui soit proche de mes valeurs.

Je voulais surtout créer un ballon de freestyle. Pas un ballon de foot, pas un ballon de basket, mais un vrai ballon de freestyle, pensé par quelqu'un qui pratique. Je voulais qu'on puisse se dire au premier regard : « C'est un ballon de freestyle. » Mon ambition était de dissocier le freestyle de tous les autres sports avec une gamme dédiée à cette discipline. Je me suis inspiré de tous les ballons que j'ai utilisés pendant dix ans, j'ai réfléchi à leurs points forts et à ce que j'attendais de cet objet. Je voulais un ballon très léger, et qui accroche. J'ai appelé un designer, qui m'a dessiné le logo en s'appuyant sur ce que j'imaginais. Pour le design, j'avais ma petite idée : j'ai pris un ballon noir sur lequel j'ai fait coller des autocollants blancs. Mais ça ne m'allait pas, alors j'ai enlevé les stickers. Quand j'ai vu le ballon nu, avec juste le logo Speen, je me suis dit : « Mais attends, il est bien comme ça ! » Et voilà comment la Speenball est née !

PUIS TOUTE LA GAMME SPEEN !

ES ACCESSOIRES

LA BOÎTE

LES VÊTEMENTS

#PLAYTIME

CARNET D'ENTRAÎNEMENT

FAIS LA LISTE DES FIGURES QUE TU VEUX MAÎTRISER :

L'IMPORTANT POUR RÉUSSIR DANS LE SPORT, C'EST LA RÉGULARITÉ. ALORS PLANIFIE TES ENTRAÎNEMENTS POUR T'AMÉLIORER UN PEU PLUS CHAQUE JOUR !

TIPS

Après avoir travaillé une figure, n'hésites pas à faire aussi celles que tu maîtrises déjà. Ça aide à mieux voir les enchaînements que tu peux créer !

NOTE ICI LES PROGRÈS DE TES ENTRAÎNEMENTS !

NOTE ICI LES PROGRÈS DE TES ENTRAÎNEMENTS !

REMERCIEMENTS

Je remercie les équipes de Michel Lafon, Mixicom et l'équipe Speen pour avoir rendu ce livre possible.

Un immense merci à Élodie pour m'accompagner dans tous mes projets.

Je tiens également à remercier Micka et Ryad qui m'ont encore suivi dans une nouvelle aventure, avec tout leur talent.

Merci à Lionel de Pigalle Basketball pour nous avoir faciliter l'accès au super terrain de la rue Duperré.

Et enfin, merci à vous, mes abonnés pour votre soutien, vos encouragements et votre fidélité.

Ce livre vous est dédié.

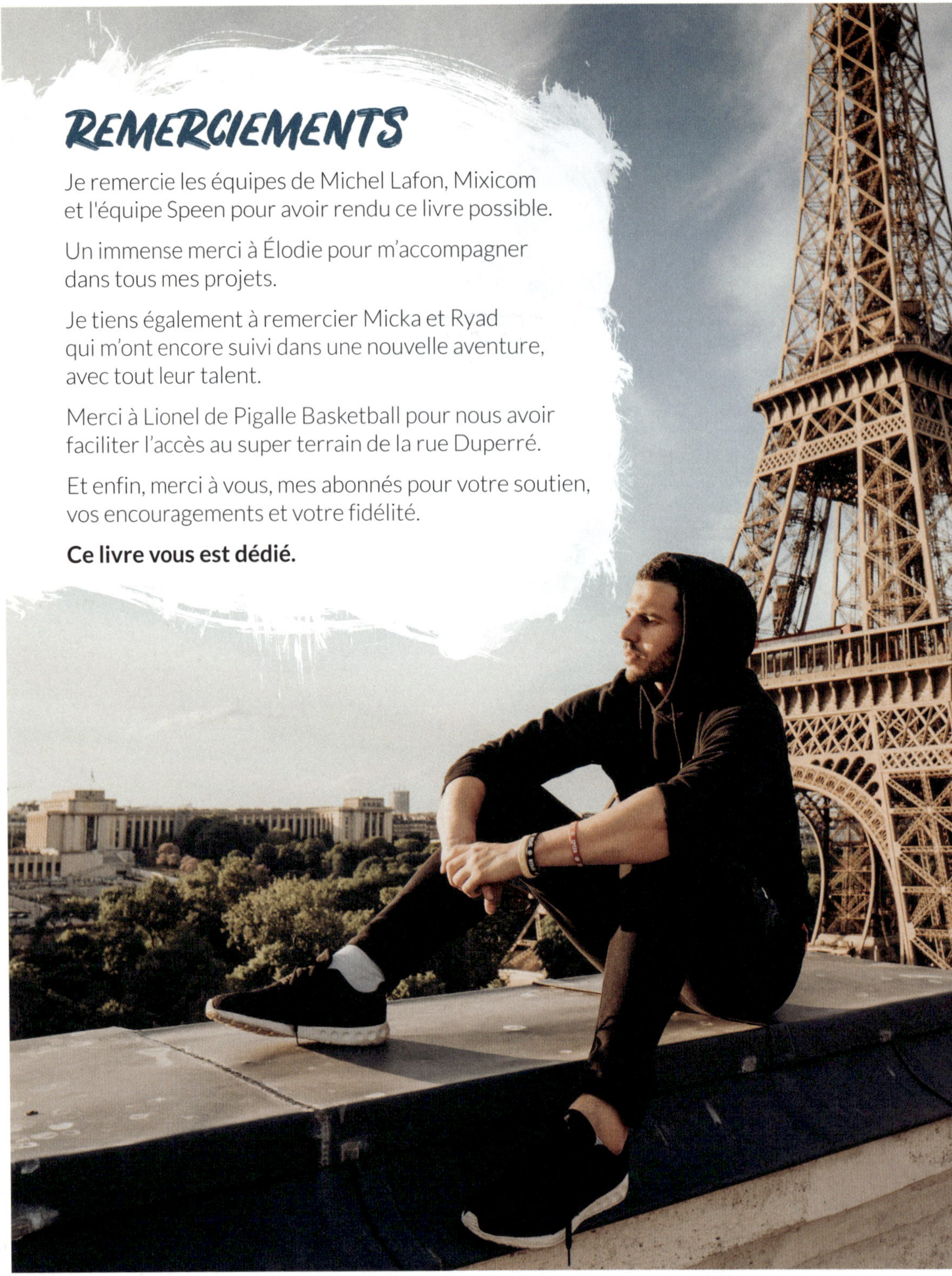

LABYRINTHE

LÉO A PERDU SA SPEEN BALL, AIDE-LE À LA RETROUVER DANS CE LABYRINTHE.

MOTS CROISÉS

HORIZONTAL

4. Sport d'équipe extrêmement populaire qui se joue avec un ballon rond.
6. Valeur importante dans le sport et dans la société.
7. Provoquer quelqu'un dans une compétition en un contre un.
8. Figure simple de freestyle qui utilise la jambe comme une rampe de lancement pour faire décoller le ballon.
10. Célèbre freestyleur français né à Clermont-Ferrand.
12. Activité nécessaire à la maîtrise de toute discipline sportive.
14. Footballeur portugais du Real Madrid ayant remporté plusieurs Ballons d'or.
15. Duel de football à un contre un où le style et la technique sont plus importants que de mettre des buts.
16. Figure de freestyle où le ballon fait le tour de la tête en roulant sur les bras.
17. Figure de freestyle pour laquelle je suis entré dans le Livre Guiness des records.
18. Footballeur brésilien amateur de freestyle passé par F. C. Barcelone et le PSG.

VERTICAL

1. Objet indispensable au à la pratique du football et du freestyle.
2. Mot anglais désignant le lieu où est le plus souvent pratiqué le freestyle.
3. Figure de freestyle qui consiste à passer une jambe au-dessus du ballon.
4. Discipline sportive qui mêle football, danse et art du cirque.
5. Geste de football qui permet d'éliminer un ou plusieurs adversaires en gardant le ballon.
9. Footballeur français jouant au poste d'attaquant dans un club espagnol.
11. Marque d'équipements de freestyle créée par un sportif et youtubeur français.
13. Geste qui s'exécute avec un ballon et utilisé dans le football et au cirque.
15. Footballeur français jouant au milieu de terrain passé par la Juventus de Turin avant de rejoindre un club anglais.

1
2
3
4
5
6
7
8
9
10
11
12
13
14
15
16
17
18

SPEEN

DÉ-FI

Chaque face du dé représente une figure ayant un niveau de difficulté différent : vert pour facile, jaune pour moyenne, rouge pour difficile et la tête de mort pour super dur.

Lance le dé, la personne que tu défies aura trois essai pour réussir la figure désignée par le dé.

Selon le nombre d'essais pour réussir et la difficulté de la figure, le nombre de points que tu peux gagner change :

CRÉE TON DÉ :

découpe le modèle sur la page suivante ;

pli-le en suivant les traits ;

colle les rabats pour obtenir ton dé.

FIGURE VERTE RÉUSSIE :
5 points au premier essai ; 3 points au deuxième ; 1 point au troisième

FIGURE JAUNE RÉUSSIE :
10 points au premier essai ; 5 points au deuxième ; 3 points au troisième

FIGURE ROUGE RÉUSSIE :
20 points au premier essai ; 10 points au deuxième ; 5 points au troisième

TÊTE DE MORT RÉUSSIE :
50 points au premier essai ; 30 points au deuxième ; 20 points au troisième.

Si tu n'as pas réussi au bout du troisième essai, tu ne gagnes aucun point.

VIE : tu gagnes une vie supplémentaire. Si tu n'as pas réussi une figure, tu peux faire un essai supplémentaire. Si tu réussi, il t'apporte :

FIGURE VERTE : 1 point
FIGURE JAUNE : 3 points
FIGURE ROUGE : 5 points
TÊTE DE MORT : 20 points

#1 Le Slap
#2 Le tour du monde
#3 La couronne
#4 Le Crossover
☠ Le Touzani Around the World

LE PREMIER À OBTENIR 50 POINTS REMPORTE LA PARTIE.

TIPS

Change les figures en notant sur un papier à quelle face correspondent les nouvelles figures.